Words in Pictures My Day

Woorden in Beelden
Mijn Dag

Illustrated by Elena Kisenkova

Paints
Verf

Apple
Appel

Alarm clock
Wekker

Pencils
Potloden

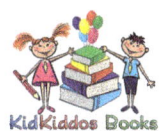

www.kidkiddos.com
Copyright ©2024 by KidKiddos Books Ltd.
support@kidkiddos.com

All rights reserved. No part of this book may be reproduced in any form
or by any electronic or mechanical means, including information storage and retrieval
systems, without written permission from the publisher, except in the case of a
reviewer, who may quote brief passages embodied in critical articles or in a review.
First edition, 2025

Library and Archives Canada Cataloguing in Publication
Words in Pictures - My Day (English Dutch Bilingual edition)
ISBN: 978-1-77959-768-7 paperback
ISBN: 978-1-77959-769-4 hardcover
ISBN: 978-1-77959-767-0 eBook

I wake up
Ik word wakker

Curtain
Gordijn

Clothes
Kleren

Window
Raam

Carpet
Tapijt

Bed
Bed

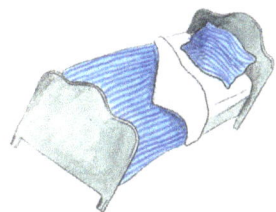

Sun
Zon

Alarm clock
Wekker

Bird
Vogel

Plant
Plant

Glass of water
Glas water

Toothbrush
Tandenborstel

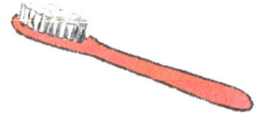

Sink
Wastafel

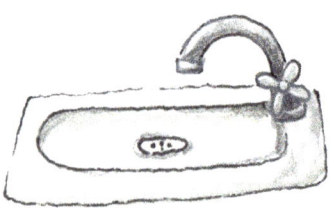

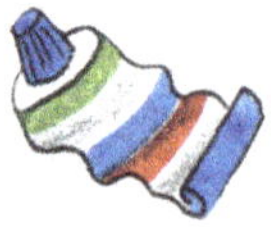

Toothpaste
Tandpasta

Towel
Handdoek

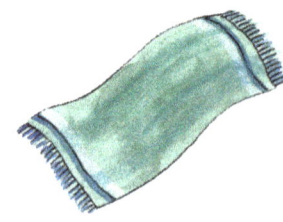

I brush my teeth
Ik poets mijn tanden

Mmm... Strawberry toothpaste!
Mmm... Aardbeien tandpasta!

Water
Water

Soap
Zeep

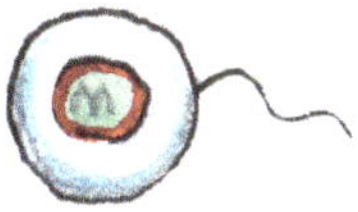

Dental floss
Tandenfloss

Drop
Druppel

I dress up
Ik kleed me aan

What t-shirt should I wear?
Welk t-shirt moet ik dragen?

Cap
Pet

Socks
Sokken

Hanger
Kledinghanger

Pants
Broek

Mirror
Spiegel

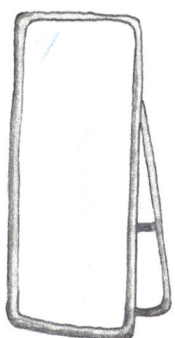

Belt
Riem

Shoes
Schoenen

T-shirt
T-shirt

Dresser
Ladekast

I eat breakfast
Ik eet ontbijt

Yogurt
Yoghurt

An orange
Een sinaasappel

Newspaper
Krant

Banana
Banaan

Milk
Melk
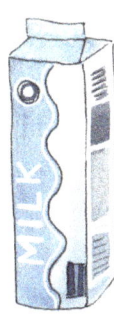

Juice
Sap

Egg
Ei

Apple
Appel

Bread
Brood

Sponge
Spons

Apron
Schort

Kettle
Waterkoker

Fork
Vork

Look how shiny they are!
Kijk hoe glanzend ze zijn!

Spoon
Lepel

Knife
Mes

Dustpan
Stoffer

I help in the kitchen
Ik help in de keuken

Broom
Bezem

Trash can
Vuilnisbak

Plate
Bord

I go to school
Ik ga naar school

Fountain
Fontein

Traffic light
Verkeerslicht

Flowers
Bloemen

Watch
Horloge

Duck
Eend

Car
Auto

Bicycle
Fiets

Tree
Boom

Squirrel
Eekhoorn

I meet my friends
Ik ontmoet mijn vrienden

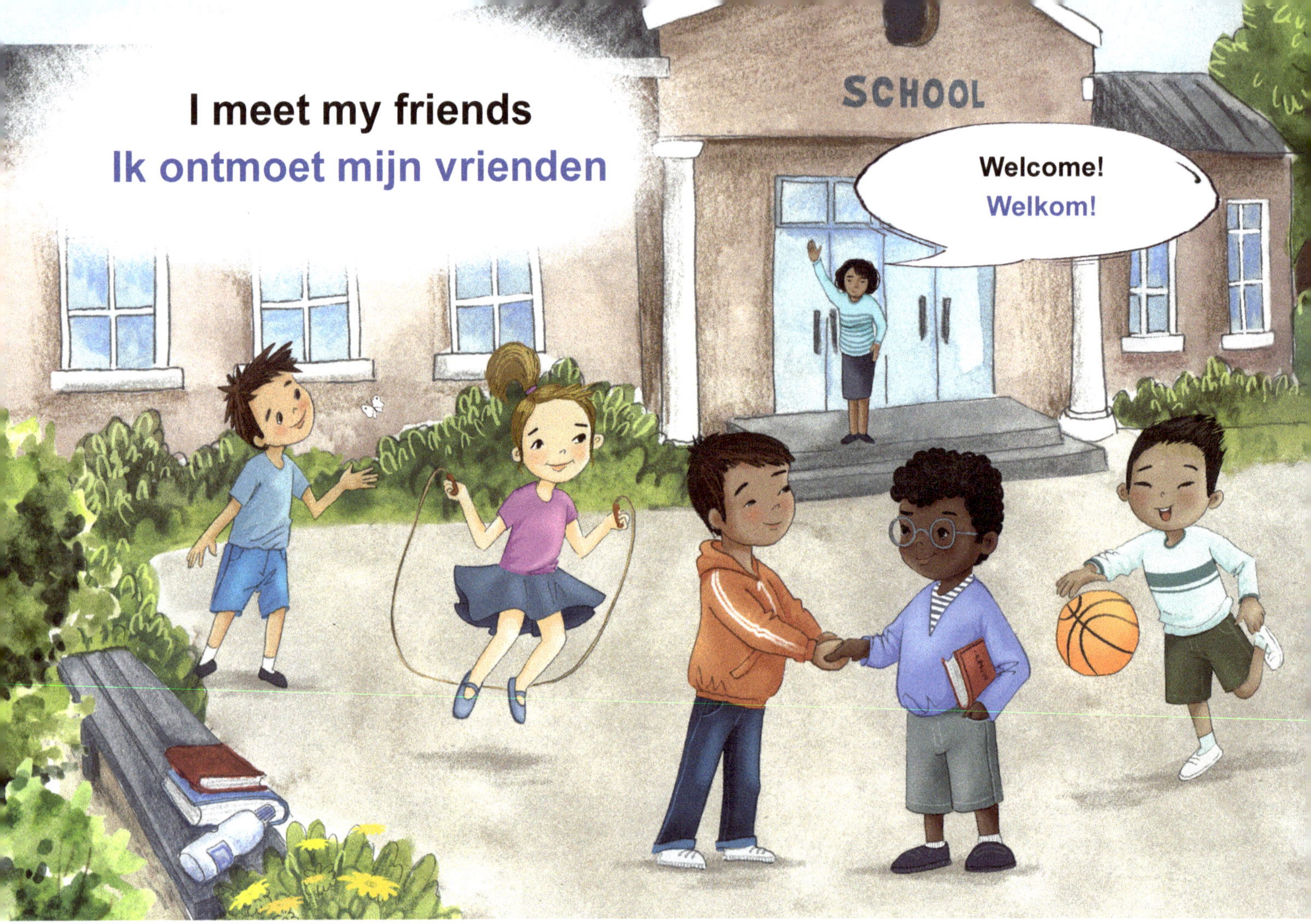
SCHOOL
Welcome!
Welkom!

Skipping rope
Springtouw

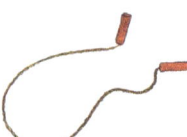

Ball
Bal

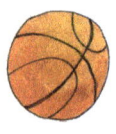

Bus
Bus

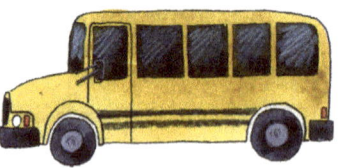

Water bottle
Waterfles

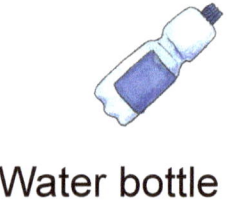

Handshake
Handdruk

Hug
Knuffel

Hello!
Hallo!

Smile
Glimlach

Backpack
Rugzak

Notebook
Notitieboekje

Scissors
Schaar

Ruler
Liniaal

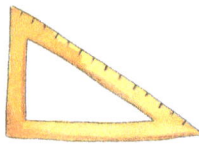

Markers
Markers

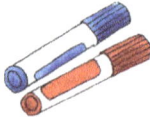

Map
Kaart

I learn
Ik leer

Pencils
Potloden

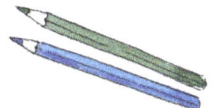

Blackboard
Schoolbord

Paints
Verf

I go to the zoo
Ik ga naar de dierentuin

Parrot
Papegaai

Monkey
Aap

Flamingo
Flamingo

Zebra
Zebra

Giraffe
Giraf

Lion
Leeuw

Map
Kaart

Elephant
Olifant

I come back home
Ik kom thuis

Photo
Foto

Umbrella
Paraplu

Slippers
Pantoffels

Vase
Vaas

Sofa
Bank

Bag
Tas
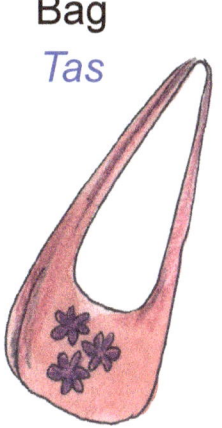

Door
Deur

Dog
Hond

I eat dinner
Ik eet avondeten

Sausage
Worst

Carrots
Wortels

Salt
Zout

Napkins
Servetten

Stove
Fornuis

Chicken
Kip

Salad
Salade

Cucumbers
Komkommers

Tomatoes
Tomaten

Cupcake
Cupcake

I take a bath
Ik neem een bad

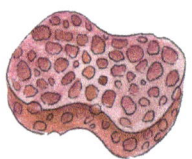

Sponge
Spons

Shampoo
Shampoo

Duck
Eend

Boat
Boot

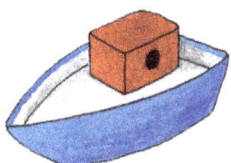

Robe
Badjas

Towel
Handdoek

Soap bubbles
Zeepbellen

Bathtub
Badkuip

Dinosaur
Dinosaurus

Glasses
Bril

Book
Boek

Stars
Sterren

Cat
Kat

I read a book
Ik lees een boek

Moon
Maan

Slippers
Pantoffels

Armchair
Zetel

I go to sleep
Ik ga slapen

Teddy bear
Knuffelbeer

Lamp
Lamp

Nightstand
Nachtkastje

Drawing
Tekening

Rug
Tapijt

Night sky
Nachtlucht

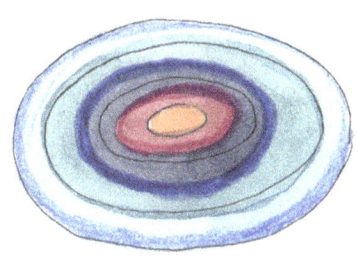

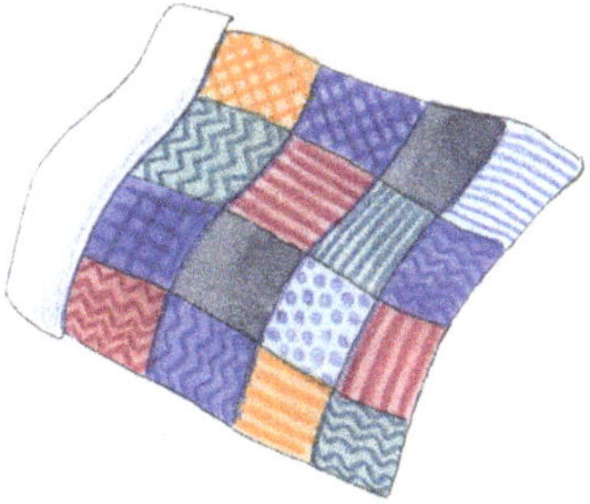

Pillow
Kussen

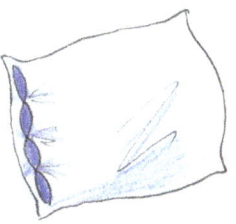

Blanket
Deken

www.ingramcontent.com/pod-product-compliance
Lightning Source LLC
Chambersburg PA
CBHW042356070526
44585CB00028B/2953